MAËSTER

Athanagor Wurlitzer, OBSÉDÉ SEXUEL

3. Mode d'emploi

FLUIDE GLACIAL

SOMMAIRE

Les petits trucs de l'Obsédé	7
Comment une femme s'aborde	11
Mission inconnue	17
On ne connaît que si on feint	22
Les amoureux sont sales au monde	28
Athanagor a encore failli	34
Ça, on a dû le taire !	39
Du bon usage du téléphone	44
Le déçu du palier	48

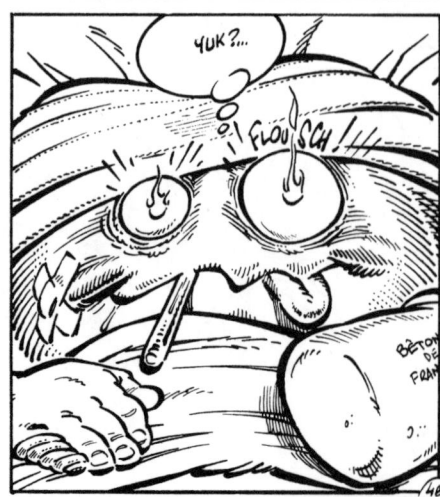

COMMENT UNE FEMME S'ABORDE

ON NE CONNAÎT QUE SI ON FEINT.

(1) OUTRE UNE ORTHOGRAPHE SOUVENT APPROXIMATIVE, LES MINITÉLISTES CONFIRMÉS UTILISENT NOMBRE D'ABRÉVIATIONS: BSR = BONSOIR, H = HOMME, F = FEMME, CPL = COUPLE, ETC. (ETC = ET CÆTERA)

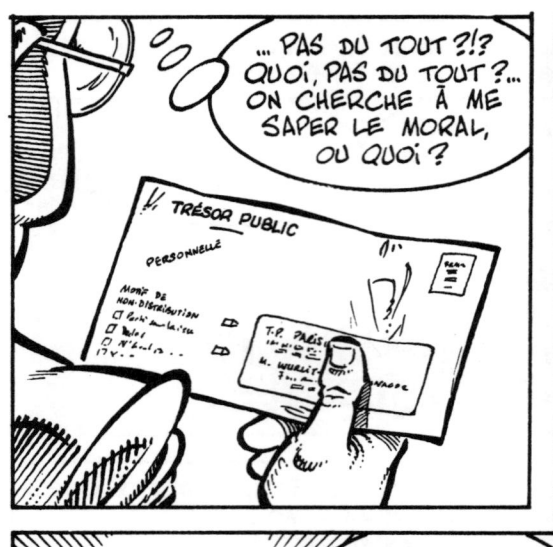

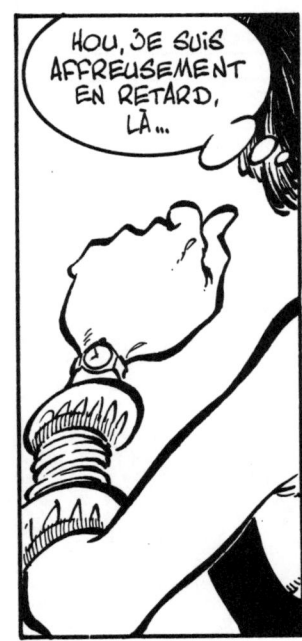

Les amoureux sont sales au monde

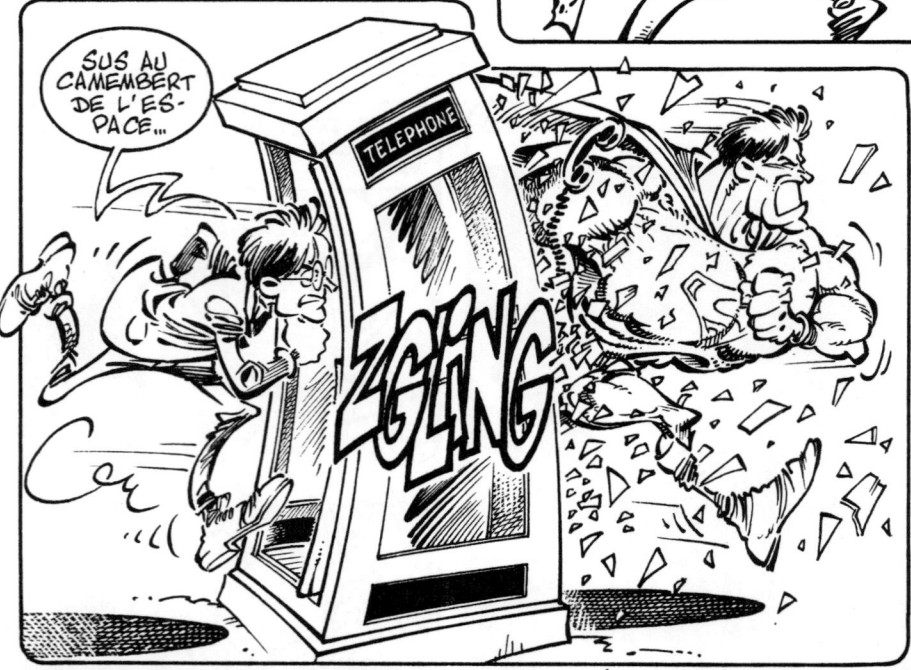

ÇA, ON A DU LE TAIRE!

(1) LA RÉCLUSION À PERPÉTUITÉ N'EST PAS, AU CONTRAIRE DU RICHE PAYSAN, UNE "SENTENCE À FIN PROCHAINE..."

DU BON USAGE DU TÉLÉPHONE

LE DÉÇU DU PALIER

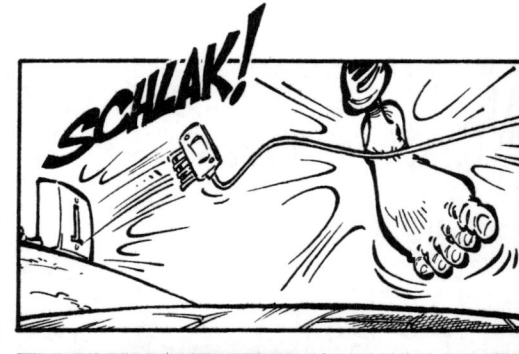

Les albums FLUIDE GLACIAL

ALEXIS	Avatars et coquecigrues
ALEXIS	Fantaisies solitaires
ALEXIS/GOTLIB	Dans la joie jusqu'au cou
BINET	Les Bidochon - 12 tomes parus
BINET	Déconfiture au petit déjeuner
BINET	Forum
BINET	Histoires ordinaires
BINET	L'institution
BINET	Kador - 4 tomes parus
BINET	Monsieur le Ministre - 2 tomes parus
BINET	Poupon la Peste 1 et 2 en couleurs
BINET	Propos irresponsables - 2 tomes parus
BLUTCH	Waldo's bar
DUPUY/BERBERIAN	Graine de voyous
DUPUY/BERBERIAN	Le journal d'Henriette - 2 tomes parus
EDIKA	
GIMENEZ	Amor, Amor!!
GIMENEZ	Paracuellos - 2 tomes parus
GOOSSENS	Le Messie est revenu
GOOSSENS	L'encyclopédie des bébés - 3 tomes parus
GOOSSENS	La vie d'Einstein - 2 tomes parus
GOOSSENS	Route vers l'enfer
GOTLIB	La bataille navale... ou Gai-Luron en slip
GOTLIB	Gai-Luron - 10 tomes parus
GOTLIB	Hamster Jovial et ses louveteaux
GOTLIB	Pervers Pépère
GOTLIB	Rhâ-gnagna - 2 tomes parus
GOTLIB	Rhââ-Lovely - 3 tomes parus
HERAN	L'étoffe des zéros
HUGOT	Les consultations du Dr Ohlenschlager
HUGOT	Déshabillez-vous
LÉANDRI	Photos-BD
LELONG	Carmen Cru - 5 tomes parus
LOB/GOTLIB/ALEXIS	Superdupont - 1 tome paru
MAESTER	... et Boules de Gomme
MAESTER	Obsédé Sexuel - 3 tomes parus
MAESTER	Sœur Marie-Thérèse des Batignolles - 3 tomes parus
MOERELL	Ou la cuisse?
MOERELL	Vise l'ampleur!
MOERELL	Trot c'est trop!
THA/BIGART	Absurdus Delirium - 2 tomes parus
THIRIET	Contes d'à-côté
THIRIET	Histoires peu crédibles
THIRIET	Trois tiers de trio
TRONCHET	Jean-Claude Tergal - 2 tomes parus

1 - Debiloff profondikoum
2 - Homo-sapiens connarduss
3 - Yeah!
4 - Absurdomanies
5 - Sketchup
6 - Désirs exacerbés
7 - Happy-Ends
8 - Tshaw!
9 - Knock-out
10 - Concertos pour omoplates
11 - Orteils coincés
12 - Bluk-Bluk
13 - Pyjama blouze
14 - Bi-bop euh... loula
15 - Splatch!
16 - Relax Max
17 - Big Noz

FOERSTER — Hantons sous la pluie
FRANQUIN — Idées noires - 2 tomes parus

© Maëster et Audie-Fluide Glacial

Éditions Audie, 33, avenue du Maine, BP 187, 75755 Paris Cedex 15. Tél.: 01.43.20.23.96
Imprimé par Maury et relié par Brun à Malesherbes
Dépôt légal août 1997. Dépôt initial novembre 1988. ISBN 2-85815-119-9
Diffusion France et étranger : Flammarion